CW00869255

MONTRE ET RACONTE
SHOW AND TELL

By Monique Pereira

Illustrated by Chantal Piché

L'enseignant dit : "Mirai, c'est ton tour!"
Je me dirige vers l'avant de la
classe et je commence...

The teacher calls out, "Mirai, you're next!"
I walk up to the front of the class, and I start:

Aujourd'hui, pour "montre et raconte", j'ai apporté mon EpiPen. Mon EpiPen contient des médicaments.
Le médicament s'appelle épinéphrine.
J'aurais besoin d'utiliser mon EpiPen si j'ingérerais (c'est-à-dire si je buvais ou mangeais) quelque chose auquel je suis allergique.

Today, for "show and tell", I've brought my EpiPen with me. My EpiPen holds medicine. The medicine is called epinephrine. If I ingested (that means if I drank or ate) something that I'm allergic to, I would need to use my EpiPen.

Comme vous le saviez, plusieurs types de maladies existent.
Ce qui signifie qu'il y a beaucoup de symptômes (de signes) dont nous devrions être conscients.

Let me start by telling you that there are many different types of sicknesses (illnesses).
This means there are many symptoms (signs) that we need to be aware of.

Par exemple...

For example:

Lorsque vous attrapez la grippe, vous pourriez avoir une fièvre ou même envie de vomir.
"BLEH!!!!"

When you get the flu, you might have a high fever or you may feel like throwing up from an upset stomach.
"BLEH!!!!"

Lorsque vous avez un rhume, vous pourriez avoir le nez qui coule ou ressentir des douleurs partout dans votre corps. "Aaaaachoooooo!!!"

When you have a cold, you might have a runny nose or feel aches and pains throughout your body. "Aaaaachoooooo!!!"

Lorsque vous avez une réaction allergique, vous pouvez avoir envie de vous gratter – causé par des démangeaisons ou la gorge serré.

When you have an allergic reaction, you might feel itchy, experience swelling, or develop a rash.

"Je ne me sens pas trop bien."

"I don't feel so good."

**Je suis allergique aux
noix d'arachides.**

I'm allergic to peanuts.

**"Mirai, qu'arrive-t-il quand tu
manges des noix d'arachides?",
demande une élève.**

"Mirai, what happens when you
have peanuts?" asks a student.

Si je mange quelque chose avec des arachides ou qui est fait avec des arachides, ou même de l'huile d'arachide, j'ai des démangeaisons sur ma peau et ma gorge se sent serrée - j'ai de la misère à respirer.

If I eat something that contains peanuts or is made with peanuts (or, peanut oil), I get really itchy and my throat might start swelling - making it difficult for me to breathe.

Si, par erreur, cela arrive,
je dois prendre mon EpiPen
et l'injecter immédiatement
dans ma cuisse.

If that happens, I need to take my EpiPen
and inject it into my thigh right away.

Je vais vous le montrer :

I will demonstrate this for you:

Bleu vers le plafond.
(Saisissez l'auto-injecteur, le bout orange pointant vers le bas. Enlevez le bouchon de sécurité bleu en le tirant tout droit – ne le pliez pas et ne le tordez pas.)

Blue to the sky.
(Grasp with orange tip pointing downward. Remove blue safety cap by pulling straight up – do not bend or twist)

Orange pour l'injection.
(Placez le bout orange contre le milieu de la cuisse (externe). Avec un mouvement de balancement, poussez fermement l'auto-injecteur dans la cuisse jusqu'à ce que vous entendiez un « clic ». Tenez l'auto-injecteur fermement en place pendant trois seconds; comptez lentement « 1, 2, 3 ».)

Orange to the thigh.
(Place the orange tip against the middle of the outer thigh. Swing and push the auto-injector firmly into the thigh until it "clicks". Hold firmly in place for three seconds – count slowly, "1, 2, 3")

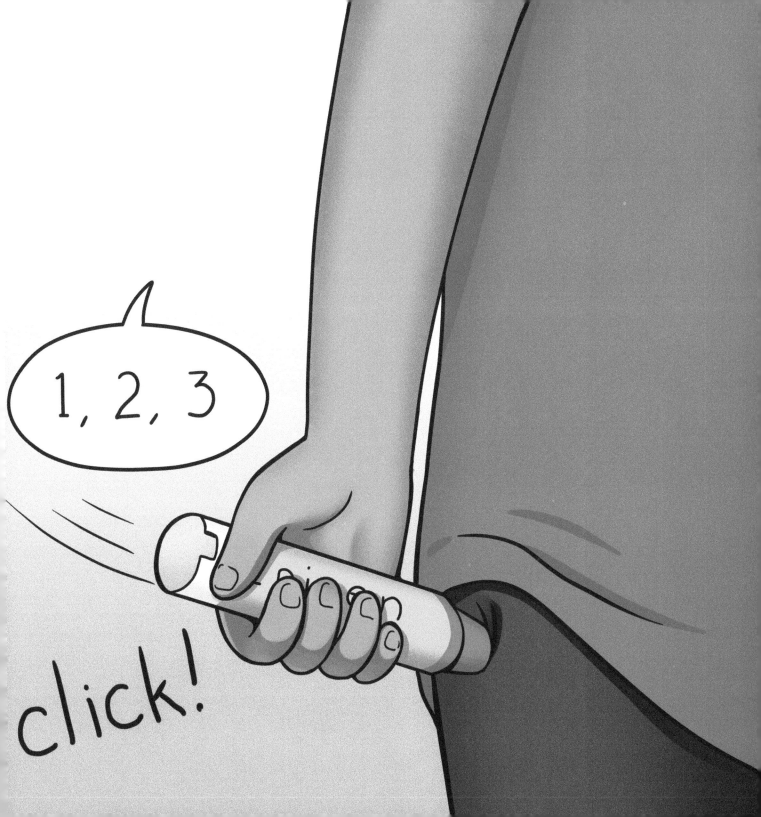

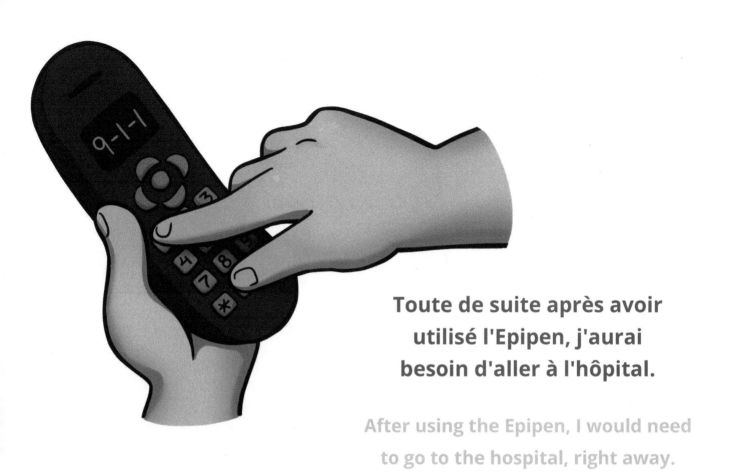

Toute de suite après avoir utilisé l'Epipen, j'aurai besoin d'aller à l'hôpital.

After using the Epipen, I would need to go to the hospital, right away.

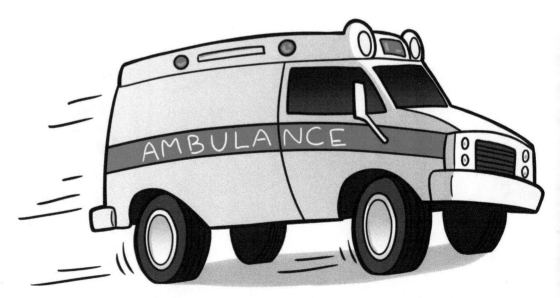

L'utilisation de l'EpiPen aidera à ralentir les effets d'une réaction allergique ; mais si j'ai une autre réaction (ou si j'ai besoin de l'aide en surplus), les gens à l'hôpital sauront quoi faire.

Using the EpiPen will help slow down the effects of an allergic reaction; but if I have another reaction or if I need more help, the people at the hospital will know what to do next.

Si vous souhaitez aider à prévenir les réactions allergiques, vous pouvez procéder comme ceci: Demandez aux membres de votre famille et vos amis s'ils ont des allergies et ce qu'elles sont - avant d'offrir et de partager votre nourriture.

If you want to help prevent allergic reactions, you can do the following: Ask your family and friends if they have any allergies and what they are, before offering or sharing food.

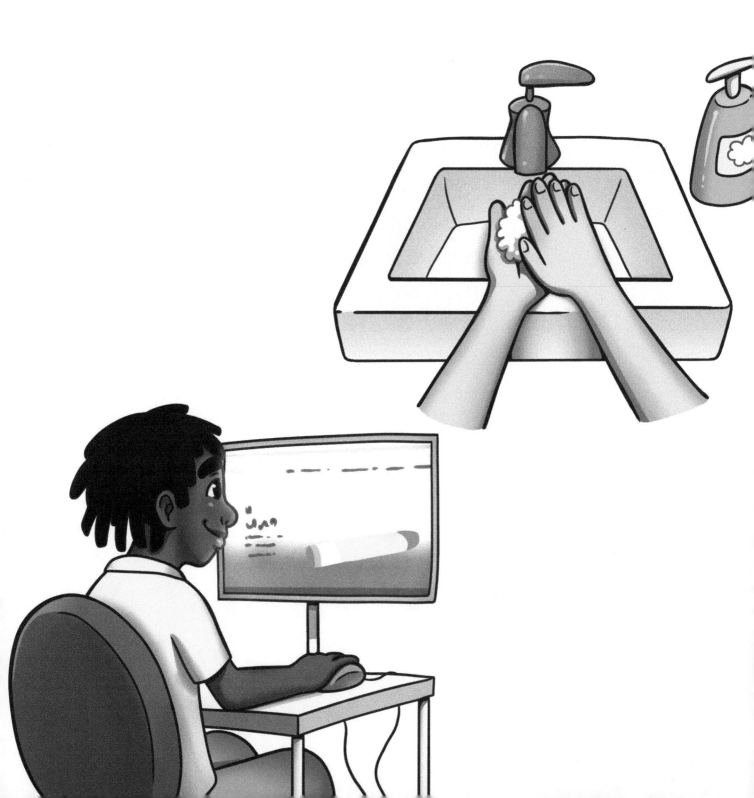

Lavez-vous les mains avec
du savon et de l'eau
(avant et après tous vos repas).
Renseignez-vous au
« www.epipen.ca »

Wash your hands with
soap and water
before and after you eat.

Educate yourself by visiting
"www.epipen.ca"

Plus vous en savez sur les allergies,
plus vous serez préparé lorsque
vous rencontrerez des personnes
qui en souffrent.
Merci!

The more you know about allergies,
the more prepared you will be when
you come across people
who have them.
Thank you!

L'enseignant remercie Mirai
pour sa belle présentation.

The teacher thanks Mirai
for her wonderful presentation.

FriesenPress

Suite 300 - 990 Fort St
Victoria, BC, V8V 3K2
Canada

www.friesenpress.com

ISBN
978-1-03-910097-8 (Hardcover)
978-1-03-910096-1 (Paperback)
978-1-03-910098-5 (eBook)

1. JUVENILE NONFICTION, HEALTH & DAILY LIVING, DISEASES, ILLNESSES & INJURIES

Distributed to the trade by The Ingram Book Company

CPSIA information can be obtained
at www.ICGtesting.com
Printed in the USA
BVHW020229230321
603178BV00012BA/677

9 781039 100978